AF497836

1. — EXERCICES SUR LES CONSONANCES

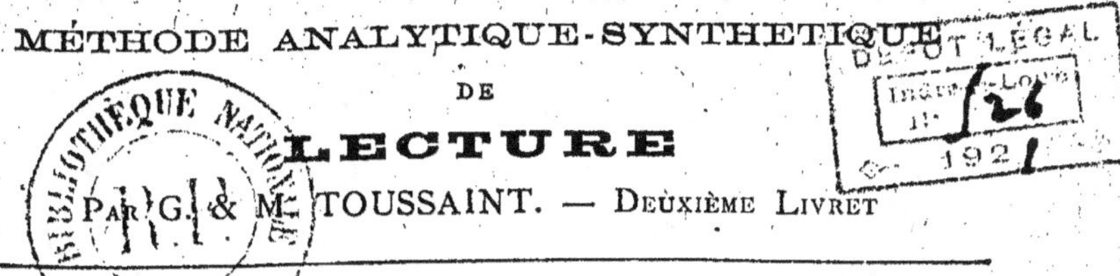

1

1.	or	os	as	il
2	if	arme	orge	urne
3.	ortie	orné	armé	orme
4.	acte	ourse	opté	apte

2

1.	fil	vis	fol	sol
2.	cil	char	mur	sur
3.	vol	mal	sac	lac
4.	roc	soc	choc	car

DIRECTIONS. — Le maître écrit une dizaine de ces mots au tableau noir et exerce ses élèves à la lecture de la façon suivante. Par exemple : *os*. Quelle est la 1ʳᵉ lettre ? (*o*). Quel est le son de la 2ᵉ ? (*s*). En deux temps : *o-s*. Rapidement *os*. En un mot, il suit scrupuleusement l'épellation phonétique.

En devoir, les élèves copieront 2 ou 3 lignes de ces mots.

Ex. orthographique : dictée des mots étudiés, placés dans de courtes phrases ou accompagnés d'autres mots : *un os dur, il sème de l'orge, du fil fin, une vis solide*, etc.

Pour l'étude de l'*e* ouvert non accentué, placer momentanément un accent grave dessus : *sèl, vèr, gèrbe*, et l'enlever dès que les enfants connaissent la valeur de la lettre. Insister sur cet *e* ouvert et dicter des phrases où il entre des mots qui le renferment : il lie une *gerbe*, il coupe de l'*herbe*, il coupe avec sa *serpe*, on lave ma *veste*, etc.

EXERCICE ORAL. — Trouver dans tel numéro un nom dont on donne la définition, un usage, la propriété, etc. Ex. : Trouver dans le nᵒ 1 le nom d'une plante qui pique, le nom d'une plante qui sert à faire de la bière, etc. Faire écrire ces noms. Faire souvent ces exercices avec les séries des mots du second livret.

5. dur   bal   bol   par
6. coq   mol   gaz   pur
7. col   tic   cap   pie
8. sud   vif   suc   but
9. mat   tuf   bis   cor

3

1. suif   juif   saur   leur
2. four   jour   soif   soir
3. cour   bouc   poil   voir
4. neuf   peur   tour   cuir
5. cinq   zinc   choir   donc
6. veuf   pour   voir   loir

4

1. farce   force   forge   fourche
2. lourde   marché   sorti   gourde
3. bourse   halte   corde   course
4. sourde   carpe   louve   courte
5. jardin   mordre   gorge   corne
6. vaste   poste   hardi   barbe
7. porte   bordé   garçon   torchon

MODÈLE D'EXERCICES. — Chercher dans le n° 3 : 1° Le nom d'un métal qui sert à couvrir les toits; 2° le nom d'un homme dont la femme est morte; 3° le nom d'une graisse qui vient du mouton; 4° le nom de ce que le chien a sur la peau; etc. — Écrire ces noms dans l'ordre demandé.

5

1. azur   iris   hiver   cheval
2. retour   canif   finir   canal
3. miroir   rétif   voleur   menteur
4. bonjour   bonsoir   courir   chenil

6

1. actif   acteur   calcul   mastic
2. dormir   sortir   partir   fournil
3. facteur   martyr   durcir   garnir
4. dortoir   valseur   docteur   porteur
5. noirceur   portail   farceur   pourtour

7

1. sel   ver   sec   mer
2. chef   net   bec   bel
3. nef   cep   fer   cher

8

1. elle   verre   messe   cesse
2. terre   belle   cette   renne
3. celle   telle   senne   gemme
4. dette   nette   serre   selle

9

1. gerbe   herbe   serpe   veste
2. leste   perte   reste   geste
3. merle   perle   germe   ferme
4. feston   cherté   merci   festin
5. peste   terme   herse   secte

10

1. fier   miel   ciel   fiel
2. bief   sieste   cierge   pierre
3. lierre   miette   marine   tienne
4. sienne   vienne   tierce   fierté

11

1. échelle   ficelle   nacelle   paresse
2. caresse   ânesse   sagesse   garenne
3. navette   coquette   poulette   voilette
4. cuvette   belette   fauvette   chouette
5. houlette   hachette   ancienne   chandelle

12

1. lecteur   berceur   persienne   parterre
2. ternir   verdir   chercheur   kermès
3. serpette   vermeil   bercail   herbette

1

1. je val se — je ver se — je mar che
2. je par le — il res te — il cor ne
3. el le a peur — el le a soif — il tour ne
4. il me ber ce — il se ser re — il s'ar me

2

1. un col lar ge — un ciel pur
2. un cal cul jus te — un ca nif neuf
3. un gar çon fier — un mer le noir
4. u ne cor de for te — u ne bar be cour te
5. u ne bour se lour de — u ne tour hau te
6. du foin sec — du bel or ge
7. du vin cher — du fil noir
8. le che val vif — le mé tal dur

3

1. le tic-tac du mou lin — le poil du bouc
2. la cour de la fer me — le feu de la for ge
3. le bec du coq — la cou leur du cuir
4. le lien de la ger be — l'o deur de l'ail

4

1. je sel le mon che val - je me por te bien
2. je fer me la por te — il char ge du foin
3. il por te un bol - el le bor de u ne ves te
4. el le cher che son fil — je per ce le mur
5. je jet te u ne pier re — je her se la ter re

EXERCICES. — 1. Mettre le pronom *elle*, mettre le futur. — 2. Mettre *mon, ton, son*. — 4. Mettre *il* et le passé composé : *il a sellé*, etc.

III. — LECTURES, COPIES, DICTÉES

1

1. je ci re	je rê ve
2. je me lè ve	je me hâ te
3. je bê che	je bâ ille
4. je co gne	je sau te
5. je jeû ne	je tour ne
6. je dan se	je pin ce
7. je mon te	je me voi le
8. on par le	on mar che
9. je res te	je por te
10. je me sè che	je me sau ve
11. je me lè ve	je me cou che

2

1. un sa pin poin tu	un bon con seil
2. u ne vieil le au ge	un fau teuil an cien
3. du co rail rou ge	u ne poi re mû re
4. un che min lar ge	u ne ha che lour de

3

1. le mou ton sau te	le hé ron pê che
2. la mou che vo le	le cou cou chan te
3. la car pe na ge	la pu ce sau te
4. le chien la pe	le la pin ron ge
5. la meu le tour ne	la lu ne se ca che
6. le so leil se lè ve	le bé tail a soif

4

1. je cou pe un bâ ton — je ran ge mon
2. ju pon — je bê che mon jar din — je
3. soi gne le bé tail — je ver se à boi re
4. je per ce le mur — je goû te le vin
5. je pè le u ne poi re — je gar de ma
6. va che — je sè me du cer feuil — je
7. fer re mon che val.

5

1. le ma çon ta ille u ne pier re — le
2. che val man ge du foin — la mu le
3. por te u ne char ge — la ca ne man ge
4. un ver — le pin son man ge du mou ron
5. le pê cheur pê che du gou jon — lè ve-
6. toi de bon ma tin — la ve-toi a vec soin
7. ran ge bien ton sac.

6

1. il ver se du vin — il ces se de cou rir
2. il mar che mal — il mar che cour bé
3. el le bor de sa ro be — el le por te un
4. col — el le tar de à ve nir — el le
5. cher che de l'her be pour son bé tail.

EXERCICES. — 1. Mettre : 1° le pronom *il,* 2° le pronom *elle,* 3° le pronom *on,* ou *chacun.* — 2. Mettre le passé composé avec *il,* mettre le futur avec *elle.* — 3-5. Mettre le passé composé, mettre le futur. — 4. Mettre *il,* mettre *elle,* mettre le passé composé, mettre le futur. — 6. Mettre le futur.

— 1 —

chaî ne

aî = ê

aĭ = ẽ

1. *air*	*aîné*	air	aî né
2. *bai*	*laine*	bai	lai ne
3. *saine*	*haine*	sai ne	hai ne
4. *paire*	*aile*	pai re	aĭ le
5. *taire*	*faite*	tai re	faĭ te
6. *mai*	*naine*	mai	nai ne
7. *faire*	*gai*	fai re	gai
8. *faîte*	*aide*	faî te	ai de
9. *chair*	*maire*	chair	mai re
10. *gaîne*	*balai*	gaî ne	ba lai
11. *chaînon*	*vairon*	chaî non	vai ron

DIRECTIONS GÉNÉRALES POUR L'ÉTUDE DES ÉQUIVALENCES DE SONS. — 1. Faire nommer l'objet. — 2. Leçon de choses ou conversation sur cet objet. — 3. Écriture du mot au tableau noir par le maître; décomposition du mot en sons (syllabes et lettres). — 4. Etude de l'équivalence écrite au tableau, écriture du son étudié (une ligne). — 5. Etude de la série de mots, lecture et copie; explication de ces mots, les écrire d'après dictée. — Dessin de l'objet représenté par le mot étudié.

Ex. : Comment s'appelle cet objet qui va d'un poteau à l'autre ? (Une chaîne.) J'écris *chaîne*. Pour écrire chaîne, j'écris *ch*, puis *aî* avec deux lettres *a* et *i* ; *a* et *i* cela fait *ê*, puis j'écris *ne*. Les élèves écrivent ainsi : chaîne. Ecriture : une ligne avec l'élément *aî*, copie de mots indiqués. Orthographe : les mots des séries dans de courtes phrases, ou dans des expressions qui en fassent voir le sens : mon frère aîné, le chaînon de la chaîne.

— 2 —

reine

rei ne

ei = ê

ei = ê

1.	*peine*	*Seine*	pei ne	Sei ne
2.	*veine*	*neige*	vei ne	nei ge
3.	*peiné*	*neigé*	pei né	nei gé
4.	*beige*	*teigne*	bei ge	tei gne

— 3 —

navet

na vet

et = é

et = é

1.	*jet*	*muet*	jet	mu et
2.	*volet*	*lacet*	vo let	la cet
3.	*duvet*	*filet*	du vet	fi let
4.	*cachet*	*cornet*	ca chet	cor net
5.	*corset*	*jouet*	cor set	jou et
6.	*poulet*	*carnet*	pou let	car net

SONS É (É fermé) et È (È ouvert).

er = é - es = è - ez = é - est = è

er = é - es = è - ez = é - est = è

---

1. — er = é

1.	ôter aimer	ô ter	ai mer
2.	tirer peler	ti rer	pe ler
3.	jeter sécher	je ter	sé cher
4.	couper armer	cou per	ar mer
5.	porter danser	por ter	dan ser
6.	cocher vacher	co cher	va cher
7.	porcher boucher	por cher	bou cher
8.	verger berger	ver ger	ber ger
9.	percer chercher	per cer	cher cher
10.	bercer fermer	ber cer	fer mer
11.	verser cerner	ver ser	cer ner
12.	herser germer	her ser	ger mer

---

2. — es = è

1.	les des	les	des
2.	ces mes	ces	mes
3.	tes ses	tes	ses

3. — ez = é *ez = é*

1. *venez*	*sautez*	ve nez	sau tez
2. *courez*	*jouez*	cou rez	jou ez
3. *marchez*	*coupez*	mar chez	cou pez
4. *aimez*	*versez*	ai mez	ver sez
5. *chantez*	*tournez*	chan tez	tour nez

ÉQUIVALENCES (*Suite*)

— 4 —

panier

pa nier

ier = iè = ied

ier = iè = ied

1. *poirier*	*fumier*	poi rier	fu mier
2. *meunier*	*laitier*	meu nier	lai tier
3. *papier*	*cahier*	pa pier	ca hier
4. *palier*	*pilier*	pa lier	pi lier
5. *huilier*	*soulier*	hui lier	sou lier
6. *acier*	*pied*	a cier	pied

4. = est = è est = ŭ

1

1. le vin est rouge	le vin est rou ge
2. la terre est ronde	la ter re est ron de
3. le charbon est noir	le char bon est noir
4. la route est large	la rou te est lar ge
5. la tour est haute	la tour est hau te
6. la paille est sèche	la pa ille est sè che
7. la mûre est noire	la mû re est noi re

2

1. la laine est chaude	la lai ne est chau de
2. le meunier est levé	le meu nier est le vé
3. ton filet est tendu	ton fi let est ten du
4. le poulet est rôti	le pou let est rô ti

3

1. le duvet est léger	le du vet est lé ger
2. mon panier est vide	mon pa nier est vi de
3. le volet est fermé	le vo let est fer mé
4. la poire est sur le poirier	la poi re est sur le poi rier
5. la mûre est sur le mûrier	la mû re est sur le mû rier

EXERCICES. — 1. Lecture. 2. Ecriture, copie. 3. Reproduction, le maître écrit : le vin est.....; l'élève complètera de mémoire.

1. ai, ei, er, ier, ied, es, et, ez, est

2. *ai, ei, er, ier, ied, es, et, ez, est*

3. où est la mi che? - où est la bi che?

4. *où est la miche? - où est la biche?*

5. où est le mou lin? - où est le sa pin?

6. *où est le moulin? où est le sapin?*

7. où est le chê ne? - où est la faî ne?

8. *où est le chêne? où est la faîne?*

9. où est le chou? - où est le pou?

10. *où est le chou? où est le pou?*

11. où est la ru che? - où est la bû che?

12. *où est la ruche? où est la bûche?*

13. où est le feu? - où est le pieu?

14. *où est le feu? où est le pieu?*

15. où est le pé pin? - où est le la pin?

16. *où est le pépin? où est le lapin?*

EXERCICES. — Les enfants construiront la réponse oralement, individuel-
lement et en chœur. Répondre par écrit aux nᵒˢ 3, 5, 7, 15. Exemple donné au
tableau noir.

— 5 — *rose*

ro se

s = z

1.	*ruse* *vase*	ru se	va se
2.	*usé* *osé*	u sé	o sé
3.	*rasé* *baiser*	ra sé	bai ser
4.	*causer* *désir*	cau ser	dé sir
5.	*maison raison*	mai son	rai son
6.	*raisin saisir*	rai sin	sai sir
7.	*rasoir oisif*	ra soir	oi sif

— 6 —

bague

ba gue

gu = g

1.	*gui* *gué*	gui	gué

2.	*guide guéri*	gui de	gué ri
3.	*guêpe figue*	guê pe	fi gue
4.	*bague langue*	ba gue	lan gue
5.	*gueule ligue*	gueu le	li gue

– 7 –

barque

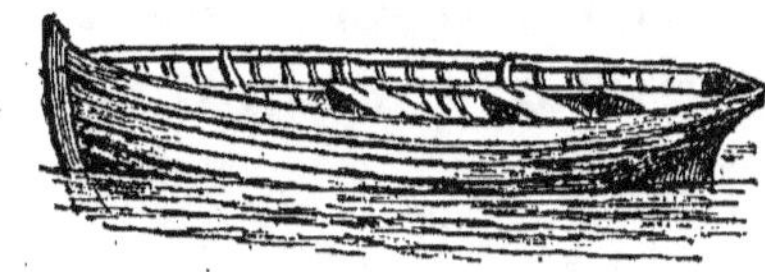

bar que

qu=c=k=q

qu-c-k-q

1.	*qui que*	qui	que
2	*quoi bique*	quoi	bi que
3.	*nuque piquet*	nu que	pi quet
4.	*parquet bouquet*	par quet	bou quet
5.	*moqué piqua*	mo qué	pi qua
6.	*piquez loque*	pi quez	lo que

— 8 —

seau

seau
eau = ô = au

eau - ô - au

1. *eau*	*beau*	eau	beau
2. *veau*	*seau*	veau	seau
3. *peau*	*taureau*	peau	tau reau
4. *bateau*	*coteau*	ba teau	co teau
5. *chameau*	*pinceau*	cha meau	pin ceau
6. *fourneau*	*corbeau*	four neau	cor beau
7. *agneau*	*manteau*	a gneau	man teau

— 9 —

tente

ten te
en = an

en = an

1. *fente*	*vente*	fen te	ven te
2. *lente*	*pente*	len te	pen te

3. *rente* *menton* | ren te   men ton
4. *lenteur* *sentir* | len teur   sen tir
5. *sentier* *rendu* | sen tier   ren du

REVISION

1

1. la ro se est bel le — la mai son est
2. hau te — le rai sin est noir — la
3. fi gue est mû re — la ba gue est en
4. or — ta lan gue est rou ge — le
5. par quet est en chê ne — le bou quet
6. est jo li — la pen te du co teau est
7. rai de — la ten te est en toi le —
8. cou pe ton rai sin qui est mûr —
9. goû te le rai sin que je cou pe.

2

1. en quoi est un ba teau ? — en quoi
2. est un four neau ? — en quoi est un
3. ba quet ? — en quoi est un pi quet ?
4. en quoi est un pin ceau ? — en quoi
5. est un man teau ? — en quoi est un
6. sou lier ? — en quoi est un pa nier ?
7. en quoi est un vo let ? — en quoi est
8. un fi let ?

---

2. Les élèves répondent oralement d'abord ; ensuite le maître écrit des questions au tableau noir, et les élèves répondent par écrit sur l'ardoise ou sur le cahier. Le maître donne un modèle pour une première phrase.

V. — GROUPES DE CONSONNES

— 10 —

1.	blé	blu et	
2.	bleu	sa ble	
3.	blou se	ou bli	
4.	blan che	câ ble	
5.	blon de	ci ble	

ÉTUDE DES GROUPES DE CONSONNES. — 1. Nom de l'objet. — 2. Courte leçon de choses ou conversation. — 3. Ecriture du mot au tableau, décomposition de ce mot en sons, syllabes et lettres. — 4. Etude du groupe de consonnes et copie du mot. — 5. Une ligne avec le groupe étudié. — 6. Lecture et copie de la série de mots, dictée. — 7. Dessin de l'objet.

Ex. : Ecrire *b* au tableau noir. Comment se nomme cette lettre? (nom). Comment l'entend-on? (son). Ecrire *l* à droite. Comment s'appelle celle-ci? (nom). Comment l'entend-on? Cela fait *bl*. (Ecarter légèrement les sons. En allant plus vite et en prononçant d'un seul coup cela fait *bl*. Ecrire : blé, blâme, bluet, blouse, sable, oubli, blonde, etc., faire lire et copier aux enfants.

PHRASES AVEC LES MOTS CONTENANT DES GROUPES DE CONSONNES. — Les écrire au tableau noir au fur et à mesure des leçons, les faire écrire sous la dictée.

Le dîner est sur la table. — Elle a une boucle dorée à son chapeau. — La rose est une jolie fleur. — Ma règle est en saule. — Une plume est en acier. — Son sabre est rouillé. — La cruche est pleine. — Un cadre est doré ou verni. — La gaufre est sucrée. — La grive mange le raisin. — La prune est sucrée. — Le litre est en verre. — Ton livre sera propre.

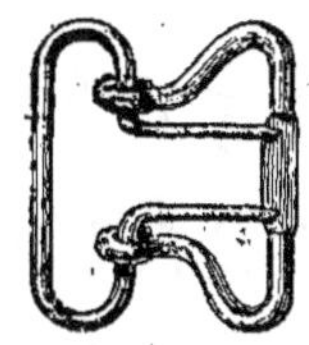

boucle

bou cle

cl, *cl*

1. *clé*	*clou*	clé	clou
2. *cloche*	*clair*	clo che	clair
3. *clocher*	*raclé*	clo cher	ra clé
4. *cloison*	*claque*	cloi son	cla que
5. *clairon*	*clarté*	clai ron	clar té

— 12 —

fleur

fleur

fl, *fl*

flûte	*flèche*	flù te	flè che
flacon	*gifle*	flo con	gi fle
enflé	*fléau*	en flé	flé au
rafle	*flacon*	ra fle	fla con
flan	*flâneur*	flan	flâ neur

— 13 —

règle

règle

gl, *gl*

1. *glu*	*glace*	glu	gla ce
2. *globe*	*glouton*	glo be	glou ton
3. *glande*	*glaçon*	glan de	gla çon
4. *glané*	*gloire*	gla ne	gloi re
5. *glouglou*	*glaive*	glou glou	glai ve

— 14 —

plume

plu me

pl, *pl*

1. *pli*	*place*	pli	pla ce
2. *plan*	*plante*	plan	plan te
3. *pleuré*	*peuple*	pleu ré	peu ple
4. *plumet*	*plage*	plu met	pla ge
5. *plaine*	*pluie*	plai ne	pluie

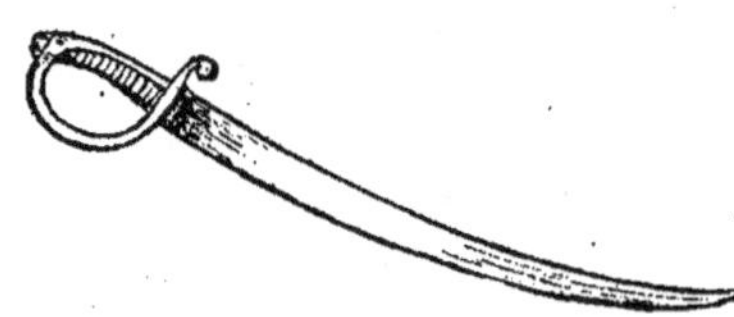

sabre

sa bre

br, *br*

1. *brave*	*brique*	bra ve	bri que
2. *brun*	*brune*	brun	bru ne
3. *abri*	*braise*	a bri	brai se
4. *brin*	*bride*	brin	bri de
5. *branche* *bronche*		ran che	bron che

cruche

cruche

cr, *cr*

1. *cru*	*cru*	cri	cru
2. *crème*	*cran*	crè me	cran
3. *crin*	*cruel*	crin	cru el
4. *croire*	*encre*	croi re	en cre
5. *écrou*	*écran*	é crou	é cran

cadre
ca dre
dr, *dr,*

1.	dru	droite	dru	droi te
2.	drôle	cidre	drô le	ci dre
3.	poudre	drogue	pou dre	dro gue
4.	coudre	chaudron	cou dre	chau dron
5.	drame	cadran	dra me	ca dran

— 18 —

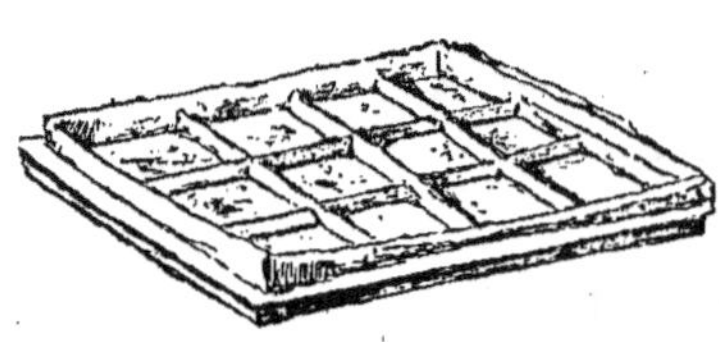

gaufre
gau fre
fr, *fr*

1.	frère	France	frè re	Fran ce
2.	frange	froide	fran ge	froi de
3.	frite	frelon	fri te	fre lon
4.	fraîche	franche	fraî che	fran che
5.	fretin	fraise	fre tin	frai se

grive

gri ve

gr, *gr*

1.	*grise*	*graine*	gri se	grai ne
2.	*grêle*	*grêlon*	grê le	grê lon
3.	*grange*	*groin*	gran ge	groin
4.	*gronder*	*grenier*	gron der	gre nier
5.	*grave*	*gruau*	gra ve	gru au

prune

pru ne

pr, *pr*

1.	*pré*	*propre*	pré	pro pre
2.	*prime*	*prince*	pri me	prin ce
3.	*prise*	*prêle*	pri se	prê le
4.	*lèpre*	*preuve*	lè pre	preu ve
5.	*prouver*	*prendre*	prou ver	pren dre

— 21 —

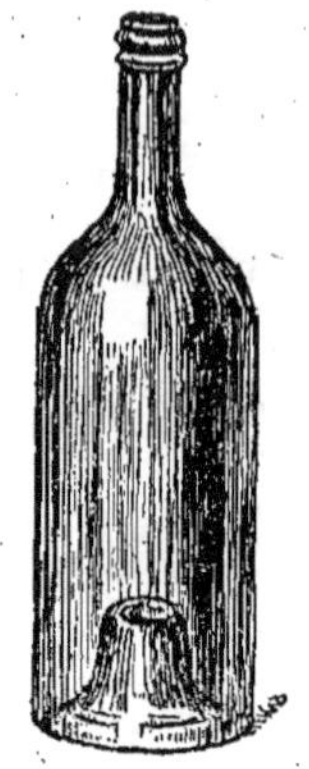

litre

li·tre

tr, *tr*

1. *tripe*	*traîner*	tri pe	traî ner
2. *trace*	*tranche*	tra ce	tran che
3. *trou*	*entrée*	trou	en trée
4. *troupe*	*vitre*	trou pe	vi tre
5. *mitron*	*tringle*	mi tron	trin gle

— 22 —

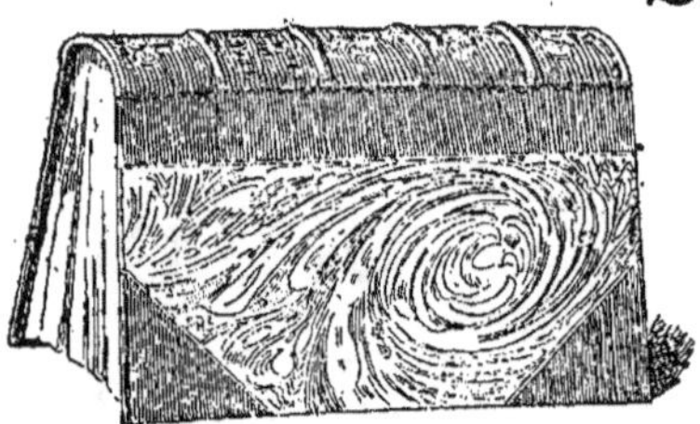

livre

li vre

vr, *vr.*

1. *chèvre*	*vrai*	chè vre	vrai
2. *avril*	*fièvre*	a vril	fiè vre
3. *lèvre*	*lièvre*	lè vre	liè vre
4. *pauvre*	*sevré*	pau vre	se vré
5. *livrée*	*chevron*	li vrée	che vron

LECTURES — COPIES

(Revision des groupes de consonnes)

1

1. je sa ble — je flâ ne — je ra cle
2. je gla ne — il pla ce — il pleu re
3. el le bro de — il su cre — el le cou dra
4. il fri ra — il a grê lé — il crie
5. il a plu — il pleu vra — il prê te
6. il cou vre — il tra ce — je gra ve

2

1. du vin su cré — u ne rè gle pla te
2. du rô ti brû lé — u ne blou se gri se
3. u ne gran de plan che — un a gneau
4. mai gre — u ne cru che plei ne — un
5. pré fleu ri — u ne trui te fri te
6. u ne huî tre fraî che — du ci dre ai gre

3

1. du blé dru — un brin de pa ille — un
2. frac trou é — un ca dre bri sé — un
3. pau vre pâ tre — u ne pru ne ten dre
4. u ne bran che droi te — un li vre pro pre
5. du ci dre trou ble — u ne li gne droi te
6. u ne vi tre bri sée — un li vre neuf

EXERCICES ÉCRITS. — 1. Mettre le futur : 1° avec *je*, 2° avec *il*, 3° avec *elle*. Mettre le passé composé : *j'ai sablé.* — 2-3. Copie.

1

La table est grande. La grive est grise. La crème est blanche. Le bleuet est bleu. La France est grande. La cendre est grise.

2

1. où est la clo che? - où est ma po che?
2. où est le che val? - où est le bo cal?
3. où est la ta ble? - où est le sa ble?
4. où est le four neau? - où est le cor beau?
5. où est la frai se? - où est la brai se?
6. où est le fer mier? - où est le poi rier?
7. où est la pru ne? - où est la lu ne?

3

1. je gla ne du blé — je su cre mon ca fé
2. je tra ce u ne li gne — je bro de u ne ro be
3. je cou vre mon li vre — je ra cle la ta ble
4. je plan te un pru nier — je po se la plu me

NOTE. — 3. Mettre le passé composé, le futur, la 3e pers. du sing., l'infinitif présent. Mettre un nom d'élève pour sujet.

VI. — LECTURES

1. La Corde [1]

1. Gas ton a trou vé u ne cor de à sau ter sur la rou te, Mar cel l'a vu la ra mas ser, et s'est je té sur lui pour la

lui prendre. Chacun ti re de son côté. Clac ! la cor de cas se et voi là cha que pau vre gar çon qui rou le sur la ber ge sa le. Nes tor qui a vu la lut te s'est tor du de ri re.

2. C'est com me ce la que se ter mi ne tou te que rel le. On se dis pu te, on se cou vre de boue et de hon te et le public de ri re et de se mo quer.

3. Lais sez donc la chi ca ne, la dispu te et les pro cès.

---

(1) Les 5 morceaux qui suivent servent pour la revision des éléments étudiés. Ils ne renferment que les sons déjà vus,

2. Le pin son

1. La ma ti née est froi de, la nei ge cou vre la ter re ; la prai rie est tou te blan che, la fo rêt aus si.

2. U ne fu mée noi re et é pais se mon te de cha que che mi née du vil la ge.

3. Lu cie é tu die sa le con au près d'un bon feu.

4. Pi ! Pi ! ri pi pi ! Voi là un pau vre pin son au plu ma ge mou illé qui vo le et frap pe à la fe nê tre de Lu- cie et lui de man de à man ger.

5. Lu cie est bon ne et a pi tié de ce lui qui souf fre.

6. Vi te la pe ti te ou vre la hu che et en ti re u ne jo lie ga let te do rée.

7. Et Lu cie é mi et te de cet te ga let te au beur re au pin son af fa mé.

8. Ré ga le-toi ! ré ga le-toi ! pau vre cré a tu re.

9. Le pin son man ge, se ré chauf fe, se ra ni me et en si gné de re con nais san ce chan te à Lu cie u ne jo lie chan son.

---

3. Le jeu

1. Re né, gai com me un pin son, s'en va à l'é co le et pres se s on al lu re a fin d'ar ri ver le pre mier.

2. Sa mè re lui a don né un sou et lui a re com man dé d'a che ter un pâ té au goû ter.

3. En rou te, Re né ren con tre Lé on qui rô de à cô té de l'é co le et qui le dé ci de à jou er à pi le ou fa ce.

4. Lé on est ma lin et tri che au jeu. Ce fi lou lan ce le sou et crie : Pi le ou fa ce! Re né de man de fa ce, c'est pi le!

5. Lé on a ga gné le sou de Re né et Re né se pas se ra de goû ter.

6. A mi, le jeu mè ne à la pa res se et à la rui ne.

4. Après la maraude

1. J'ai été à la maraude ce matin au lieu d'aller à l'école.

2. Que j'en ai du regret !

3. Une épine a déchiré ma tunique, mon pantalon et mon gilet.

Je ferai de la peine à maman si je rentre déchiré comme cela.

5. Papa va me gronder et me punir.

6. Une idée ! Je me sauve chez ma tante.

7. Je lui dirai : « Chère tante, réparez la tunique, le pantalon, le gilet de votre neveu qui est un polisson. »

8. Je promettrai à ma bonne tante d'être sage et très assidu à l'école.

9. Ami, évite de faire l'école buissonnière.

---

5. La pêche à la ligne

1. Jeudi, dès le matin, Eugène a monté sa ligne et est descendu du côté

de la ri viè re pê cher le gou- jon, le vai ron et l'a blet te.

2. Son pè re lui a in di qué u ne bon ne pla- ce où le pois son ai me à se pro me ner.

3. Son on cle lui a mon tré la ma niè re de pê cher et de fer rer le pois son.

4. A mi di, Eu gè ne a dé jà u ne bon ne fri tu re.

5. Pan! Pan! Voi là le bou chon de la li gne d'Eu gè ne qui s'en fon ce, qui fi le au mi lieu de la ri viè re.

6. « C'est un bro chet », s'é crie Eu- gè ne; « ma li gne n'est guè re so li de, je le man que rai! »

7. Le bro chet s'é lan ce à droi te, à gau che et le crin de la li gne cas se!

8. Eu gè ne est dé mon té.

« Bon! Bon! Mes si re bro chet! Di man che, j'au rai u ne li gne so li de en lai ton. Je te pin ce rai et ma man te fe ra cui re à la sau ce blan che ou à la ma- te lote! »

ÉQUIVALENCES (Suite).

— 23 —

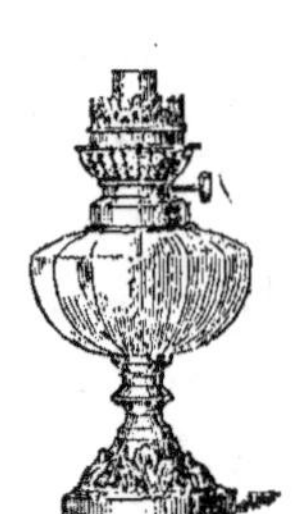

lampe

lam pe

am = an

am = an

am = an = en = em = ean

am = an = en = em = ean

1.	*jambe rampe*	jam be	ram pe
2.	*crampe tambour*	cram pe	tam bour
3.	*camper bambou*	cam per	bam bou
4.	*lambeau jambon*	lam beau	jam bon
5.	*tempe trempe*	tem pe	trem pe
6.	*membre temple*	mem bre	tem ple
7.	*semble tremble*	sem ble	trem ble
8.	*Jean hampe*	Jean	ham pe

DIRECTIONS. — Devant un *p* et un *b* les sons *am, em, om, im* s'écrivent avec un *m*.

EXEMPLE DE LEÇON. — Qu'est-ce que cet objet? A quoi sert une lampe? Combien connaissez-vous de sortes de lampes? Verre, abat-jour, mèche. DÉCOMPOSITION DU MOT EN SONS : *l-am-p-e*; *am* s'écrit ici avec *m*, parce que *am* est devant *p*.

Les élèves écrivent le mot *lampe*, puis les cinq sons équivalents *am, an, en, em.*

La dictée portera sur un seul élément à la fois. Cet élément sera inscrit au tableau noir.

— 24 —

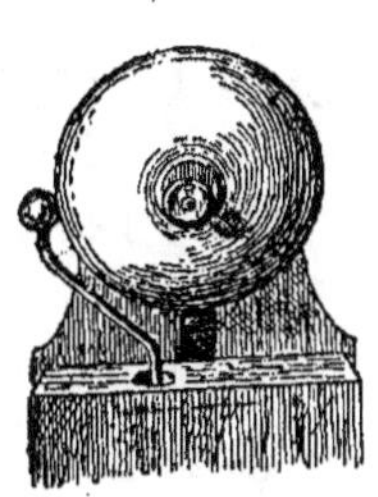

timbre

tim bre

im = in

im = in

im = in = yn = ym = ain = aim = ein

im = in = yn = ym = ain = aim = ein

1.	*simple grimpe*	sim ple	grim pe
2.	*larynx tympan*	la rynx	tym pan
3.	*thym pain*	thym	pain
4.	*bain nain*	bain	nain
5.	*levain regain*	le vain	re gain
6.	*plainte faim*	plain te	faim
7.	*daim essaim*	daim	es saim
8.	*serein plein*	se rein	plein

pompe

pompe

om = on

om = on

1. *ombre tombe*	om bre	tom be
2. *tombeau nombre*	tom beau	nom bre
3. *sombre bombe*	som bre	bom be
4. *pompier trombe*	pom pier	trom be
5. *comble pompon*	com ble	pom pon

— 26 —

parfum

parfum

um = un = eun

um = un = eun

1. par fum, hum ble, à jeun

2. *parfum, humble, à jeun.*

1

1. une feuille simple,
2. du papier timbré,
3. la tempe droite.
4. la jambe droite,
5. un joli tambour,
6. un beau nom.
7. la tempe gauche,
8. la jambe gauche,

2

1. Le pain est bon. Le soir est sombre.
2. La chambre est propre. Le jambon est fumé.
3. Le caveau est plein. La porte est peinte.
4. Le regain est sec. La robe est teinte.

3

1. la nei ge tom be — la pa ille flam be
2. la lam pe brû le — le pom pier pom pe
3. vo tre main trem ble — le sin ge grim pe
4. le ver ram pe — le jour est som bre

4

1. le grain ger me — un daim se sau ve
2. un es saim vo le — on ser re le frein
3. on man que le train — on met en le vain
4. on va pren dre un bain — on chan te
5. un re frain — on fau che le re gain

5

1. on fer re le che val — on ver se à boi re
2. on cal me sa soif — on for ge le fer
3. on mar che sur le sol — on va par tir
4. on se mi re au mi roir - on sou de le zinc

ÉQUIVALENCES *(Fin)*.

— 27 —

grille

gri lle

ll=il=ill

fi lle	pi llé
si llon	gri llon
bi lle	gri llé
ail	pa reil
fau teuil	vi trail
tra vail	por tail
treuil	fe nouil

NOTE. — Pour la lecture, dans la division des syllabes, laisser les 2 ll mouillés réunis, ne pas séparer les 3 lettres ill. Ex. feu-ille, pa-ille, œ-illet.

— 28 —

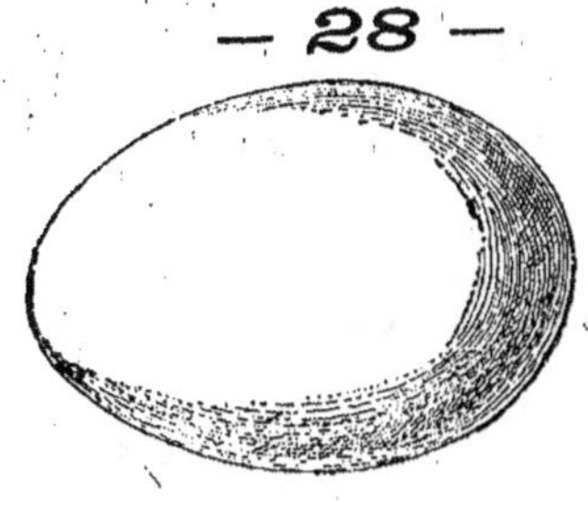

œuf

œuf

œ = œu – eu

œ = œu = eu

		œuf	vœu
1.	œuf · vœu	œuf	vœu
2.	sœur · bœuf	sœur	bœuf
3.	cœur · œuvre	cœur	œu vre
4.	œil · œillet	œ il	œ illet

— 29 —

noyau

noy au

y = i – i

y = i – i

		noy é	broy é
1.	noyé · broyé	noy é	broy é
2.	payé · moyen	pay é	moy en
3.	boyau · tuyau	boy au	tuy au
4.	crayon · paya	cray on	pay a
5	foyer · loyer	foy er	loy er

— 30 —

faction

fac tion

ti = si

ti = si

1.	*nation potion*	na tion	po tion
2.	*ration action*	ra tion	ac tion
3.	*lotion mention*	lo tion	men tion
4.	*portion motion*	por tion	mo tion
5.	*traction faction*	trac tion	fac tion

— 31 —

phoque

pho que

p h = f

ph = f

1.	*phare phoque*	pha re	pho que
2.	*phénix phosphore*	phé nix	phos pho re

EXERCICES

Lecture, copie, dictée

1

1. une fille gentille,
2. un œuf dur,
3. un vitrail rouge,
4. une ration de vin,
5. un crayon bleu,
6. un bâton moyen,
7. un œil de bœuf,
8. un vieil ami,
9. un œillet rose,
10. une portion de bœuf,
11. un bon cœur,
12. un bon travail,

2

1. le gri llon chan te
2. So phie bro de
3. le pho que na ge
4. le che vreuil brou te
5. le bœuf beu gle
6. le so leil bri lle
7. le bé tail man ge
8. le bou din gri lle

3

1. La bille est ronde.
2. Le raisin est vermeil.
3. Le sillon est tracé.
4. Le foyer est noirci.
5. Le noyau est brisé.
6. Le crayon est taillé.
7. Le rail est en fer.
8. Le sel est broyé.
9. Le noyer est un arbre.
10. Le loyer est payé.
11. Le bétail est soigné.
12. Le tilleul est fleuri.

— 32 —

théière

thé iè re

th = t – rh = r

th = t , rh = r

1. *rhume thé*	rhu me	thé
2. *théâtre théière*	thé â tre	thé iè re

— 33 —

geai

geai

ge = je = j

ge = je = j

1. *geai logea*	geai	lo gea
2. *mangea pigeon*	man gea	pi geon
3. *geôlier bourgeon*	geô lier	bour geon
4. *Jean à jeun*	Jean	à jeun
5. *rougeole rougeâtre*	rou geo le	rou geâtre

— 34 —

cueillette

cue illet te

cue = que

cue = que

1. *cueille cueilli*	cue ille	cue illi
2. *cueillir cueillette*	cue illir	cue illet te
3. *écueil recueille*	é cue il	re cue ille
4. *accueil cercueil*	ac cue il	cer cue il
5. *recueilli accueilli*	re cue illi	ac cue illi

PHRASES DE REVISION (27-34).

LECTURE. - COPIE.

U ne gri lle est en fer. — Un œuf a u ne co que. — La pê che a un noy au très dur. — Le chas seur à pied est de fac tion. — Le pho que man ge du pois- son. — La thé iè re est en fa ïen ce. — Le geai a un jo li plu ma ge. — Le pi- geon rou cou le. — Le jeu ne gar çon cue ille la poi re. — Jean a la rou geo le.

VII. MOTS DE TROIS SYLLABES

1

1. dé pu té   tu li pe   do ru re   pa ro le
2. mi nu te   fa ri ne   vé ri té   ca ra fe
3. co li que   ba ra que   gué ri te   ga mi ne
4. gi ra fe   sa la de   cé le ri   gui mau ve
5. bou ti que   de meu re   pan ta lon   gen ci ve

2

1. fro ma ge   ou vra ge   pro blè me
2. pé tro le   plu ma ge   cra va te
3. gre nou ille   brû lu re   se mai ne
4. ba lei ne   bou lan ger   sa ges se
5. fau vet te   voi tu re   con dui te
6. hou let te   ha lei ne   ab sen ce

3

1. ber gè re   ver mi cel   cos tu me
2. I ta lien   sou pi rail   é cu reuil
3. am pou le   tem pê te   im po li
4. cein tu re   cym ba le   com pa gne
5. ma nœu vre   œ illa de   fau ci lle
6. pa pi llon   bou te ille   cui si ne

VIII. GROUPES DE CONSONNES

1. arc   est   Er nest   parc
2. reps   Turc   mars   ours
3. cor rect   ex act   in tact   Sed litz
4. cerf   svel te   tsar   sto re
5. stè re   sco lai re   scar la ti ne   psau me

NOTE. — Les mots de trois syllabes sont lus et copiés. Ils sont expliqués. Pour la lecture des groupes de consonnes bien faire séparer les sons et n'employer que l'épellation phonétique. Ex. : *a-r-c, e-st*, etc.

6. sque let te   spi ra le   in spec teur   a tlas
7. A tlas   A tlan ti que   sta tue   sta tion
8. spas me   reps   sla ve   stra pon tin
9. in strui re   scru pu le   scru tin   splen di de

IX. EXERCICES SUR LES DIPHTONGUES

1

1. lui   fui   é tui   en nui
2. suie   truie   pluie   pa ra pl uie

3. lie   vie   scie   pie
4. a mie   en vie   fo lie   tou pie
5. prai rie   bou gie   mai rie   par tie
6. bou illie   pa trie   in cen die   ma la die

7. rue   vue   te nue   grue
8. mo rue   tor tue   lai tue   ci guë
9. a ve nue   é ten due   re vue   sta tue

10. i dée   é pée   mu sée   ro sée
11. cou vée   dic tée   ni chée   li vrée
12. gor gée   on glée   dra gée   soi rée
13. a rai gnée   che mi née   chi co rée   gi bou lée

14. haie   raie   plaie   craie
15. gaie   vraie   taie   laie

16. joue   moue   roue   boue
17. houe   je cloue   je noue   je troue

2

1. Lyon	lion	pion	u nion
2. ca mion	ré gion	ra tion	pu ni tion
3. liè vre	fiè vre	ma niè re	lai tiè re
4. por tiè re	frui tiè re	sou piè re	sa liè re
5. vian de,	scien ce,	fia cre	fio le
6. pa tien ce,	pio che,	con fian ce	mé fian ce
7. lieu	pieu	es sieu	é pieu

X. EXERCICES SUR LES CONSONNES DOUBLES

1

1. bot te	but te	pat te	chat te
2. det te	hot te	lut te	mot te
3. cot te	sot te	ba vet te	lan cet te
4. co quet te	pin cet te	ca rot te	hot tée
5. na vet te	bat tre	met tre	li not te
6. ros se	bos se	bros se	cros se
7. mas se	mous se	mas sue	tas se
8. cos se	gras se	chas se	fos sé
9. mé las se	glis ser	bras sée	é pais se
10. col le	fol le	mol le	bal le
11. bal lon	vil le	bul le	hal le
12. pel le	sal le	dal le	den tel le
13. com me	pom me	hom me	som me
14. flam me	gam me	nom mer	com mu ne

NOTE. — Les élèves en faisant sonner la voyelle avec la 1re consonne la prononcent naturellement brève.

15. can ne   ton ne   ton neau   non ne
16. son neur   van neur   bon ne   é ton né
17. cou ron ne   pay san ne   pol tron ne   mi gn on ne

2

1. bar re   car ré   fer rer   guer re
2. cor ri ger   ar ro soir   char rue   car riè re

3. af fai re   é tof fe   ef fet   buf fet
4. cof fre   coif fu re   ef fa cer   souf frir

5. nap pe   jap per   ap por ter   ap pui

6. oc ca sion   ac cu ser   ac croi re   ac cro cher

7. car ros se   ton ner re   as som mer
8. ter ras sier   com mis sion   em bar ras ser

IX. — FINALES NULLES

1. lour de   lourd   gran de   grand
2. bon dir   bond   pro fon deur   pro fond
3. plom ber   plomb   ran gée   rang
4. blan che   blanc   cro chet   croc
5. ac cro cher   ac croc   Fran ce   franc
6. cam pa gne   camp   ga lo per   ga lop
7. fu si ller   fu sil   gen ti lle   gen til

NOTE. — 1. Le maître expliquera qu'il y a un *d* nul, que l'on n'entend pas à la fin de *lourd*, de *grand*, parce qu'on dit : *lourde, lourdeur, grande, grandeur, grandir*, etc. — 2. Lorsqu'il y a plusieurs choses, plusieurs personnes, on met *s* à la fin du nom. — 3. Avec *tu* on met un *s* à la fin du verbe.

XII. — SINGULIER ET PLURIEL

1.	le pè re	les pè res
2.	la mè re	les m. ˋres
3.	le sa pin	les sa pins
4.	je ci re	nous ci rons
5.	je joue	nous jou ons
6.	le pin son chan te	les pin sons chan tent
7.	l'é lèv e é tu die	les é lè ves é tu dient

(1° personne du singulier.)	(2° personne du singulier.)
1. je bê che	tu bê ches
2. je par le	tu par les
3. je joue	tu joues
4. je man ge	tu man ges

DISTINGUEZ!

1

1.	un	nu	tu	ut
2.	te	et	se	es
3.	ne	en	dru	dur
4.	cor	roc	u sé	su é
5.	du re	ru de	tour	trou
6.	cal me	cla me	por te	pro te
7.	prie	pi re	lia ne	lai ne

2

8.	lui re	liu re	ti ré	tri é
9.	pli é	pi lé	pi le	pli é
10.	cour te	croû te	su er	sû re
11.	vio le	voi le	voi let te	vio let te
	loin	lion	sau ve	sua ve

13.	peu	pue	an ge	na ge
14.	si gne	sin ge	pa trie	par tie
15.	mien	mi ne	li as se	lais se
16.	châ le	lâ che	vieil le	veil le

XIII. — APOSTROPHE

1. L'ami, l'âne   l'orge   l'arme
2. l'épée   l'auge   l'oubli   l'heure
3. peu d'or   guère d'avoine
4. c'est moi   c'est lui.
5. J'ose   j'entre   j'irai   j'aurai.
6. Il m'a vu,   Il m'écoute.
7. Il t'a obéi.   Il t'en donne.
8. Elle s'en va.   Elle s'arrête.
9. Il n'y a rien.   Il n'a rien.
10. Qu'est-ce ?   Qu'y a-t-il ?

XIV. — DÉRIVATION

1. laitier   lait   petite   petit
2. trotter   trot   chanter   chant
3. grosse   gros   brassée   bras
4. passer   pas   tasser   tas

LECTURES, COPIES, DICTÉES

Les a ni maux

1. la va che — le bœuf — le che val — l'â ne
2. le chien — le chat — la chè vre — la bre bis
3. le mou ton — le la pin — le porc — le loup
4. le san glier — le re nard — le cerf
5. le che vreuil — le liè vre — l'é cu reuil
6. le rat — la sou ris

Les oi seaux

1. la pou le — le coq — le ca nard — la ca ne
2. le din don — le pi geon — l'oie — le paon
3. le cor beau — le moi neau — le pin son
4. la mé sau ge — l'a louet te — l'hi ron del le
5. le char don ne ret—la gri ve—la tour te rel le

Les pois sons

1. la trui te — le bro chet — la car pe
2. la per che — le bar beau — la rous se
3. le gou jon — l'an guil le — la sar di ne
4. la mo rue — le thon — le ma que reau
5. le rou get — la so le — le sau mon — la raie

L'É co le

1. la por te — la cour — la clas se
2. la fe nê tre — le bu reau — la ta ble
3. le banc — le ta bleau — le four neau
4. la car te — l'ar doi se — la plu me
5. l'en crier — le cra yon — la rè gle
6. l'ar moi re — la pen du le — l'es tra de

En quoi sont les cho ses

1. Le sou lier est en cuir — Le mur est en
2. pier re — La rè gle est en bois — La plu me
3. est en a cier — Le pan ta lon est en drap
4. Le car reau est en ver re — le bou chon est
5. en liè ge — La clef est en fer — la bal le est
6. en plomb — La che mi se est en toi le — La
7. ba gue est en or — Le four neau est en fonte

Où sont les a ni maux et les cho ses

1

1. La pou le est dans le pou la iller—Le pi geon,
2. dans le co lom bier — La bre bis, dans la
3. ber ge rie — Le che val est dans l'é cu rie —
4. La clo che est au clo cher — L'ar bre est dans
5. le ver ger — L'a beil le est dans la ru che —
6. Le pain est dans la hu che — Le grain est
7. dans le gre nier — La plu me est dans le
8. plu mier — Le la pin est dans la la pi niè re —
9. La four mi est dans la four mi liè re — Le
10. pe tit oi seau, dans son nid — Le pa res seux
11. est dans son lit.

2

1. Où sont les pois sons ? — Où sont les
2. pin sons ? — Où sont les na cel les ? — Où
3. sont les se mel les ? — Où sont les ton neaux
4. Où sont les four neaux ? — Où sont les
5. ci trou illes ? — Où sont les la pins ? — Où
6. sont les pé pins ? — Où sont les a beil les ?
7. Où sont les o reil les ? — Où sont les ro siers ?
8. Où sont les pom miers ?

1. Le che val a du poil — La bre bis a de la
2. lai ne—L'oi seau a des plu mes—Le pois son
3. a des é ca illes — Le hé ris son a des pi quants
4. Le coq a une crê te — Le chat a des grif fes
5. Le bœuf a des cor nes — L'é lé phant a u ne
6. trom pe — Le porc a de la soie — La ce ri se
7. a un noy au — La scie a des dents — Le
8. ber ger a u ne hou let te — Le chas seur a un
9. fu sil.

La for me et l'é ten due des cho ses

1. U ne bi lle est ron de — Un sou est rond
2. Un clou est poin tu—U ne é pin gle est poin tue
3. Un sa pin est droit — U ne rè gle est droite
4. Un car reau est car ré—U ne cais se est car rée
5. Un fil est long — U ne cor de est lon gue
6. Un clo cher est haut — U ne tour est hau te
7. Un banc est bas — U ne ca ba ne est bas se
8. Un fleu ve est lar ge — U ne feu ille est min ce
9. Un sen tier est é troit — U ne ru el le est lar ge
10. Un mur est é pais — U ne plan che est é pais se
11. Un puits est pro fond—U ne fos se est pro fon de

Les cou leurs

1. La fa ri ne est blan che — Le lait est blanc
2. L'en cre est noi re — Le char bon est noir
3. Le sang est rou ge — La feu ille est ver te
4. Le chou est vert — La ca rot te est jau ne
5. Le mar ron est brun — La vio let te est bleue
6. Le ciel est bleu — Le moi neau est gris

Une mauvaise plume

« — Papa, ma plume ne vaut rien?
— Voyons, ma petite mignonne!...
Mais cette plume écrit très bien.
— Moi, je ne la trouve pas bonne;
    Les becs sont écartés,
    Elle fait des pâtés.
    — Sais-tu pourquoi, chérie?
    — Dis-le moi, je t'en prie!
    — C'est que les paresseux
Ne trouvent pas d'outil assez bien fait pour eux.

(Extrait de l'École moderne.

Le grand garçon

L'an passé, cela va sans dire,
J'étais petit; mais à présent
Que je sais compter, lire, écrire,
C'est bien certain que je suis grand.
Quand sur les genoux de ma mère,
On me voyait souvent assis,
J'étais petit, la chose est claire :
J'avais cinq ans, et j'en ai six !
Maintenant, je vais à l'école;
J'apprends chaque soir ma leçon;
Le sac qui pend à mon épaule
Dit que je suis un grand garçon,
Quand le maître parle, j'écoute
Et je retiens ce qu'il me dit;
Il est content de moi, sans doute,
Car je vois bien qu'il me sourit.

Frédéric Caumont.

Les oi seaux

Quand le bon Dieu eut fait les pe tits oi-
seaux, il dit :

— Je vais pein dre leurs plu mes a vec les
plus bel les cou leurs pour qu'ils soient en co-
re plus gen tils et ai ma bles. A lors, il fit des
cou leurs ma gni fi ques avec les plus jo lies
fleurs des champs et il se mit à pein dre les
oi seaux cha cun d'u ne ma niè re dif fé ren te.

Au mer le, il pei gnit le bec en jau ne; il
mit du rou ge sous la gor ge du rou ge-gor ge,
du noir sur la tê te de la mé san ge et du bleu
sur ses ai les.

Le pin son eut des cou leurs su per bes : la
tê te et les ai les bi gar rées de blanc, de bleu
et de noir. Le pi geon, le geai re çu rent les
cou leurs les plus vi ves et les plus bri llan tes.

Le cor beau, gour mand et cri ard, eut le
plu ma ge teint en noir; il ne fut pas con tent
et de puis ce temps il crie en co re plus fort.

La pie ba var de re çut du blanc et du
noir, car les gens ba vards di sent blanc et
noir.

Le ros si gnol et la fau vet te n'eu rent que
du gris, par ce qu'ils a vaient dé jà re çu au-
pa ra vant de plus bel les voix que les au tres
oi seaux.

En fin, quand vint le tour du char don ne-

ret, il ne res tait plus qu'un tout pe tit peu de
cou leur au fond de cha que go det. Ce la fit
qu'il eut du rou ge, du gris, du jau ne, du
bleu sur ses plu mes et qu'il se trou ve ê tre
un des plus beaux par mi les pe tits oi seaux.

Le han ne ton

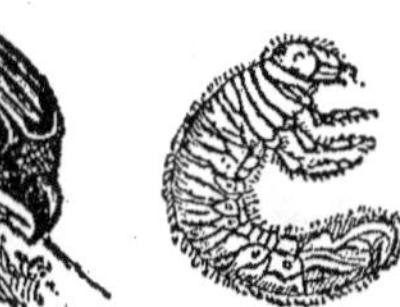

Dans la ter re, il y
a vait un gros ver
blanc à tê te jau ne.
Pen dant l'é té, il
a vait man gé des pom mes de ter re; pen dant
l'hi ver, il a vait dor mi, et quand vint le printemps, il fut chan gé en un gros han ne ton et il
é tait très fier. Un jour, il s'en vo la dans l'air
en bour don nant : « z, z, z, z! » Quand il eut bien
vo lé au tour des mai sons et des jar dins, il
eut faim; a lors, il man gea les jeu nes feuilles des beaux pom miers et des beaux poi-
riers; et a près il re com men ça sa pro me-
na de fol le dans les rues en fai sant « z! z! z! »
aux fe nê tres des mai sons. Il fai sait le pe tit
fou. Il frô lait les joues et les che veux blonds
des en fants pour se mo quer d'eux. Il pas-
sait mê me de vant le bec des moi neaux.
Mais il fit tant de tours et de zig-zags, qu'à
la fin il se heur ta con tre un mur, toc! et il

tom ba sur le pa vé, les pat tes en l'air. Un
pier rot qui le guet tait, ac cou rut en vo lant,
le prit dans son bec et al la le man ger sur
le toit de l'é gli se.

Le Jardin

Der riè re
no tre mai son
nous a vons un
jar din ; il est
en tou ré par
un mur ; au mi-
lieu de ce jar-
din, et d'un
bout à l'au tre, il y a u ne al lée lar ge et
sa blée.

Pa pa bê che la ter re de no tre jar din
a vec u ne bêche, il la ra tis se a vec un râ teau
en fer.

Fai re un jar din s'ap pel le jar di ner.

Je jar di ne a vec pa pa.

Dans la ter re, nous se mons ou nous plan-
tons des lé gu mes.

Nous plan tons les pom mes de ter re, les

oi gnons, les é cha lo tes, les ails, les ar ti-
chauts, les choux, les choux-fleurs, les pois,
les fè ves et les ha ri cots.

Nous se mons les ca rot tes, les na vets, les
ra dis, la sa la de.

Pour fai re la sou pe, ma man va cher cher
les lé gu mes dans no tre jar din.

Le long de l'al lée, il y a des gro sei lliers
et des fleurs : des tu li pes, du ré sé da, des
pen sées et des lis.

Avec ces fleurs, nous fai sons des bou-
quets. ma gni fi ques.

Le long des murs, on a plan té des framboi siers, des frai siers et des ceps de vigne.

Il y a aus si des ar bres frui tiers dans no-
tre jar din : des pom miers, des poi riers, des
ce ri siers, un a bri co tier et un pê cher.

Je ne tou che pas aux fruits a vant qu'ils
soient bien mûrs.

Pen dant l'é té, il y a sou vent sur no tre
ta ble des frai ses, des fram boi ses, des pê ches
et des a bri cots.

Ma man fait de la con fi tu re a vec les
grosei lles.

En au tom ne, nous man geons les pom-
mes, les poi res et le rai sin.

C'est bien com mo de et bien a gré a ble
d'a voir un jar din com me le nô tre:

La Poule

Cott, cott, cott, — Qu'y a-t-il de neuf?
La pou le fait l'œuf.
Cott, cott, cott, — Tant qu'il le fau dra,
La pou le pon dra.
Cott, cott, cott, — Qu'est-il ar ri vé?
La pou le a cou vé.
Toc, toc, toc, — Qu'y a-t-il de neuf?
Le pou let dans l'œuf.
Toc, toc, toc, — Un pe tit coup sec,
Il frap pe du bec.
Toc, toc, un œuf s'ou vre au choc.
Bon jour, pe tit coq!

JEAN AICARD

Le Feu

On a dé fen du à Pier re de jou er a vec le feu.

Un jour, Pier re est seul à la mai son.

Il prend sur le feu u ne bran che al lu mée et il sort sur la por te en souf flant sur la brai se pour fai re des é tin cel les.

Mais, il y a un tas de pa ille de vant la mai son.

U ne é tin cel le vo le de dans.
La pa ille brû le et flam be.

Bien tôt le feu prend à la mai son de Pier re; et voi là le plan cher qui brû le.

Les ar moi res, le buf fet brû lent bien tôt, a vec tout ce qu'il y a de dans.

Puis, la ta ble, les chai ses, les lits brû- lent aus si.

Et les pa rents de Pier re n'ont plus de mai son pour se lo ger.

Plus rien pour s'ha bi ller, plus rien à man- ger, plus rien pour se cou cher.

Ils pleu rent beau coup; et Pier re pleu re a vec eux, et c'est lui, le dé so bé is sant, qui est la cau se du mal heur qui est ar ri vé.

La Mè re

Ma mè re que j'ai me beau coup,
    M'a don né tout.
J'ai me rai cet te bon ne mè re,
    Ma vie en tiè re.
El le m'a soi gné tout pe tit,
    On me l'a dit.
El le a ba lan cé ma cou chet te,
    Blan che et pro pret te;
M'ap prit à mar cher pas à pas,
    Te nant mon bras;
A di re un mot, puis à tout di re,
    Mê me à sou ri re.
Quand el le est là, je ne crains rien;
    Je l'ai me bien!

JEAN AICARD.

La
Poule

La poule noire de grand'mère
  A douze poulets gris.
La pauvre poule a fort à faire
Pour nourrir ses poussins chéris.

Lorsque dans son bec elle porte
Un peu de graine pour chacun.
Le gros chat, caché sous la porte,
Voudrait, bien sûr, en croquer un.

Mais la poule noire le guette,
Et le chat craint son bec pointu.
Elle est très forte la poulette;
Le chat a peur d'être battu.

Douze poulets n'ont qu'une mère
Pour les défendre et les nourrir,
Moi, j'ai ma mère et j'ai mon père,
Oh! combien je dois les chérir!

O. Aubert

Ah!   Oh!   Aïe!

Dans le jar din de Pier re, il y a un pom-
mier.

Sur le pom mier, il y a trois bel les pom-
mes : u ne en bas, u ne au mi lieu et l'au tre en
haut.

Pier re grim pe, cue ille la pre miè re pom-
me et la man ge.

Ah! qu'el le est bon ne, ah!

Pier re grim pe en co re, cue ille la deu-
xiè me pom me et la cro que.

Oh! qu'el le est dé li cieu se, oh!

Pier re grim pe u ne troi siè me fois.

Il veut at tra per la troi siè me pom me.

Mais, crac, la bran che cas se.

Pa ta tras! Pier re tom be par ter re.

Aïe! qu'il a mal! Aïe!

Quel mal heur d'ê tre gour mand!

Mé dor, Mi net et le Nid

Dans le jar din, sur un gro sei llier, il y a un nid, et dans le nid, il y a qua tre pe tits.

La mè re leur don ne à man ger des mou ches et des mou che rons.

Quand el le ar ri ve au-des sus du nid, les pe tits lè vent la tê te et ten dent le bec; alors, la ma man leur met la bec quée de dans.

Mi net a en ten du la fau vet te; il l'a é piée et il a vu le nid a vec les pe tits.

Le voi là qui s'a van ce en se ca chant der riè re le buis.

Il va man ger les pau vres pe tits.

Mais Mé dor, le bon chien, est cou ché dans l'ai lée, il voit ce que Mi net va fai re. Vi te, il s'é lan ce au-de vant du chat. « Voua! Voua! On ne pas se pas! » Mi net a eu peur.

« Pff! Pff! » Il se sau ve tout hé ris sé et en tre dans le sou pi rail de la ca ve.

« Voua! Voua! » Mé dor est un bon chien; il ne lais se ra pas Mi net dé vo rer les pe tits oi seaux.

Le Chat et le Chardonneret

Un char don ne ret vient se per cher cha que jour sur un poi rier du jar din ; il chan te a lors de bien jo lies chan sons. Mi net, un vi lain chat gour mand, l'a vu, et le ma tin il a grim pé sur l'ar bre pour at tra per le pe tit oi seau. Il s'est ca ché sous le feu illa ge et il a at ten du plus d'u ne heu re sans bou ger.

A lors, le pe tit char don ne ret est pas sé en vo lant, il a fait le tour du jar din et il s'est per ché com me d'ha bi tu de, le mal heu reux, au bout d'u ne hau te bran che du poi rier.

Mi net a ou vert de grands yeux ; il a bais sé ses o rei lles, il s'est ac crou pi sur ses pat tes ; puis, d'un bond, il s'est é lan cé sur l'oi seau.

Mais le char don ne ret a vu le vi lain chat as sez tôt ; il s'est en vo lé. Mi net a man qué son coup, et il est tom bé lour de ment, sur le dur pa vé de l'al lée. Il n'a vait que deux feu illes dans les pat tes. Il s'est fait bien mal ; il mar che a vec pei ne en boi tant et va se ca cher dans un coin, sous les framboi siers.

Le mé chant a été bien pu ni. Main te nant, il lais se ra les oi seaux tran quil les et ne chas se ra plus que les sou ris.

Les Nids des Oi seaux

Quand le printemps est ve nu, les oi seaux font leurs nids.

Nous voy ons le moi neau com men cer le sien.

Il le pla ce dans le trou d'un mur, sous un toit, sous u ne tui le, quelque fois sur un ar bre.

I. Quels sont les animaux qui se perchent? Sur quoi se perchent-ils? Qui est-ce qui cultive les jardins? Sur quel arbre viennent les poires?

II. Avec quoi grimpe-t-on? Quels sont les animaux qui savent grimper? Le feuillage, c'est toutes les feuilles des arbres. A quoi sert le feuillage des arbres en été?

III. Comment sont les pattes du chat, quand il est accroupi? Faire un bond, c'est quoi faire?

IV. Minet a manqué son coup, dites-moi ce qu'il a manqué? Comment est-il tombé? Sur quoi? Que s'est-il fait? Comment marche-t-il? Où est-il allé se cacher? Quels fruits portent les framboisiers?

V. Quels animaux doit chasser un chat? Quels animaux chasse le chien?

VI. Que font les souris? Que mangent-elles? Qu'est-ce qui détruit les souris? Les chats sont utiles.

Il ra mas se des brins de pa ille, du foin, de l'herbe sè che, du pa pier, de la mous se, des plu mes,
des brins de lai ne, du fil, des brins de co ton, des
crins, et char roie tout ce la dans son bec.

Il sait tout ce qu'il lui faut pour ar ran ger un
nid bien doux, bien moel leux pour ses pe tits.

Lors que le nid est fait, la mè re pond des œufs
de dans, qua tre, cinq et mê me six; puis, el le
les cou ve.

Bien tôt les pe tits sor tent des œufs. Le pè re et
la mè re leur ap por tent à man ger, des mou-
ches, des grains, des che ni lles, des vers, des han-
ne tons, des mies de pain. Ils gran dis sent. Aus-
si tôt qu'ils peu vent vo ler, leur mè re les ap pel le :
« Pitt! pitt! » Ils sor tent du nid et sau tent sur les
bran ches en chan tant.

Les Rosiers

Dans le jar din, le
long de l'al lée, il y
a de jo lis ro siers.

Sur ces ro siers,
il y a des ro ses su-
perbes.

Trois pe tits en-
fants mi gnons les
re gar dent et vou-
draient bien les a voir.

Le plus grand sai sit un ro sier par la tige et

l'in cli ne vers la ter re ; les au tres lè vent leurs pe ti tes mains et cher chent à cue illir les ro ses. Mais bien tôt on en tend des pleurs et des cris de dou leur. Les ro siers se sont fâ chés de voir qu'on vou lait leur pren dre leurs ro ses. Ils ont pi qué les doigts et les bras des en fants, ils leur ont é gra ti gné les joues, et les pi quants sont pris dans leurs che veux blonds et fri sés.

Il faut que la ma man vien ne au se cours de tous.

El le pan se les mains, les bras et les joues qui sai gnent.

El le dit : « Les ro ses sont bel les, mais ce n'est pas fa ci le de les a voir, car el les ont des é pi nes dan ge reu ses. Les ro siers sont mé chants, quand on veut leur en le ver leurs ro ses.

« Il ne faut pas vou loir pren dre dans ses pe- ti tes mains tout ce qui est beau et bien fait ; c'est dé jà jo li de le voir et de l'ad mi rer.

« Ils vous di sent en vous pi quant : « Re gar dez nos ro ses, mais ne les tou chez pas et ne les dé chi rez pas. »

5016. — Tours, imprimerie E. ARRAULT et Cie

9 782329 680682